KB232751

New Life

일대일 양육교재

도서출판 말씀과만남은 그리스도인들과 세상 모든 사람들이
하나님의 말씀과 만나 그 생각이 새로워지고 그 삶이 풍성해지도록 돕고 있습니다.

The Malsseum & Mannam Publishing House is helping Christians and men in the world to
meet with God' s Word so that they may have their spirits renewed and have an abundant life.

뉴라이프 일대일 양육교재

박 영 득 지음

1판 1쇄 / 2005. 3. 10
발행처 / 말씀과만남
발행인 / 최 헌 근
등록번호 / 제20-444호
등록일자 / 1991. 6. 19

138-220 서울특별시 송파구 잠실동 339-3
Tel : (031) 594-6327, Fax : (031) 594-6328
전자우편 : mmpress@hanmail.net

ISBN　89-7508-153-2

정가 : 3,000원

잘못된 책은 바꾸어 드립니다.

New Life
일대일 양육교재

박영득 지음

말씀과만남

박영득 목사는 서울 장신대와 장로회신학대학원을 거쳐 미국 캘리포니아 신학대학원에서 문학 석사와 목회학 박사 학위를 취득하였습니다. 서울 장신대학과 여러 신학교에서 강의, 굿 뉴스 성경 연구 프로그램을 목회자들과 함께 나누고 있으며 1990년 큰빛교회를 개척하여 지금까지 성도들을 섬기고 있습니다.

Contents

07　책머리에

08　공부하는 방법

09　Ⅰ. 함께 공부하기

10　　1. 왜 구원을 받아야 합니까?

15　　2. 어떻게 구원을 받을 수 있습니까?

20　　3. 천국과 지옥을 아십니까?

24　　4. 하나님의 말씀을 가까이 하십시오.

29　　5. 교회는 당신의 영적인 가정입니다.

33　　6. 사명을 잘 감당하십시오.

Ⅱ. 스스로 공부하기　37

1. 하나님은 어떤 분이신가?　38

2. 세상에 들어온 죄　43

3. 절망하는 인간들　49

4. 세상에 오신 예수님　55

5. 인간을 위한 예수님의 사역　64

6. 그리스도 안에 있게 됨　71

77　Ⅲ. 세례를 위해 꼭 알아야 될 것

책머리에

교회에 등록하셔서 그리스도 안에서 귀한 교제를 나눌 수 있게 된 것은 하나님의 놀라운 축복이며, 하나님께 감사드려야 할 일입니다. 진심으로 축하드립니다.

당신의 삶에 예수 그리스도를 모셔 들이기로 결심한 사실은 당신의 일생을 통하여 가장 위대한 결단입니다. 예수 그리스도를 당신의 구주로 영접함으로써 당신의 죄는 용서되었고 당신은 하나님의 자녀가 되었습니다. 천국은 당신의 영원한 집이며 이제 지옥은 당신과 아무 상관이 없습니다. 이제 당신은 행복한 그리스도인으로 살아가기 위해서 이 교재를 성실하게 공부해야 합니다. 이 교재를 마친 뒤 놀라운 감격이 당신의 가슴을 두드릴 것입니다. 구원의 확신으로 감사가 넘치게 되고 당신의 영혼은 하늘의 평화를 체험하게 될 것입니다. 구체적으로 당신은 그리스도가 누구신지, 구원받은 사실이 얼마나 위대한 것인지를 알게 될 것입니다.

인도자의 지도를 따라 겸손하게 공부하십시오. 하나님께서 당신을 도와주셔서 깨닫게 하실 것입니다. 시작과 더불어 성령님의 충만한 역사가 있을 것입니다. 진리 안으로 들어가는 당신을 예수님의 이름으로 축복합니다.

축하합니다. 이제 당신의 삶에 기쁨과 승리만이 있을 것입니다.

박영득 목사

Ⅰ. 함께 공부하기

함께 공부하기는 1과 – 6과까지로 되어 있고, 매주 한 과씩 리더와 함께 공부해야 됩니다. 그룹으로 공부하는 것도 유익하지만, 교회 안에 리더들을 양성하여 일대 일로 공부함이 효과적입니다. 장소로는 교회나 또는 피교육자의 가정이 될 수도 있습니다. 리더의 가정으로 초청함도 좋은 효과가 있을 것입니다.

Ⅱ. 스스로 공부하기

리더와 함께 1과를 공부했다면 집에서 스스로 공부하기를 공부해 답을 기록하셔서 다음공부때 체크를 받으시면 됩니다. 1과–6과로 되어 있는 '복음적 교리'를 배울 것이며, 이것을 마치면 기독교가 무엇인지를 확실히 알게 될 것입니다. 본문을 다 읽고 문제에 답을 하여 리더의 확인을 받으면 됩니다. 잘 모르는 부분에 대해서는 리더에게 도움을 요청하시기 바랍니다.

Ⅲ. 중요한 교리

세례를 받기 위해서 반드시 알아야 할 사실들을 문제화한 것입니다. 철저하게 암기해서 내용을 다 숙지하도록 해야 될 것입니다. 리더가 한 문제 한 문제 이해가 되도록 보충설명을 하는 것도 중요한 일입니다.

I

함께 공부하기

"함께 공부하기는 리더의 가르침을 따라 공부해야 합니다. 매주 1과 씩 공부하게 됩니다. 시간을 정확히 지키십시오. 겸손하게 마음을 열고 성경말씀을 받아들이십시오. 당신의 삶에 놀라운 변화가 일어 날 것입니다. 성실하게 공부하십시오. 기도하며 공부하십시오. 하나 님께서 리더를 통해 여러분을 가르칠 것입니다"

1. 왜 구원을 받아야 합니까?

1. 당신은 의인이 아니기 때문입니다.

'의인' 이라고 하는 말은 '악이 없는 사람' 을 가리킵니다.
'악' 이란? 나쁜 마음, 나쁜 행동을 말합니다.

▶▶ 당신은 태어나서 지금까지 나쁜 마음을 단 한 번도 가져본 일이 없습니까?(있다. 없다)

▶▶ 당신은 태어나서 지금까지 나쁜 행동을 단 한 번도 해 본 일이 없습니까?(있다. 없다)

✎ 성경은 당신에 대해서 이렇게 말씀합니다.

기록된바 의인은 없나니 하나도 없으며   로마서 3:10

2. 당신은 죄인이기 때문입니다.

이 세상에서 죄를 범하면 반드시 형벌을 받는 것처럼 하나님 앞에
서도 죄를 범하면 반드시 형벌을 받습니다.

성경은 당신에 대해서 이렇게 말씀합니다.

모든 사람이 죄를 범하였으매 하나님의 영광에 이르지 못하더니

로마서 3:23

하나님 앞에서 죄를 범한 사람은 반드시 죽게 됩니다.
죄를 범한 인간에게는 두 가지 죽음이 있습니다. 하나는 육신의 죽
음이고 또 하나는 영적인 죽음입니다.

이 사실을 성경에서는 이렇게 말씀합니다.

죄의 삯은 사망이요.   로마서 6:23

3. 당신이 해결해야 할 죄는 이것입니다.

그것은 하나님을 믿지 아니하는 죄입니다.

▶▶ 당신이 아버지에 대한 가장 큰 죄는 무엇이라고 생각하십니까?

🐟 성경은 우리가 해결해야 할 죄를 이렇게 말씀합니다.

죄에 대하여라 함은 저희가 나를 믿지 아니함이요

요한복음 16:9

예수 그리스도를 하나님의 아들로, 우리의 죄를 위해 오신 구주로 믿지 않는 죄입니다. 이 죄를 해결해야 영생을 얻게 됩니다.

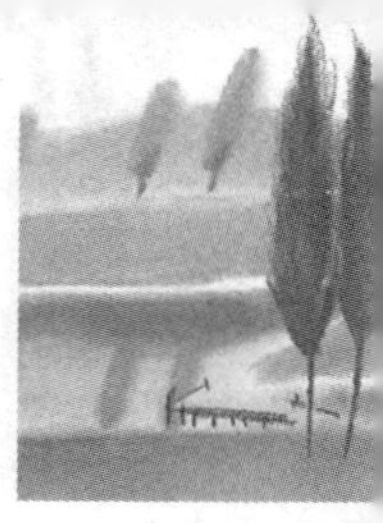

4. 믿는 자와 믿지 않는 자는 각각 어떻게 됩니까?

📑 말씀을 읽고 대답해 보십시오.

저희는 영벌에 의인들은 영생에 들어가리라   마태복음 25:46

▶▶ 죄인이 받는 것/

▶▶ 의인이 받는 것/

예수님을 믿기만 하면 천국에 들어가 영생을 누리며 살고, 예수님을 믿지 아니하면 지옥에서 영벌을 받습니다.

▶▶ 예수님을 믿으시겠습니까? 믿지 않겠습니까?

나 (   )는 지금부터 예수님을 나의 구주로 영접하고 믿으며, 하나님의 자녀가 되기로 결정합니다.

예수님은 나 (   )의 죄를 위해서 십자가에서 죽으셨고 3일 만에 부활하셨습니다. 아멘.

200   년   월   일

5. 이제 당신은 하나님의 자녀입니다. 다음기도를 큰 소리로 읽으십시오.

하나님 아버지! 나는 죄인입니다. 나의 모든 죄를 예수님의 피로 덮어 주시고 나를 구원하여 주심을 감사합니다. 예수님의 이름으로 기도합니다. 아멘.

2. 어떻게 구원을 받을 수 있습니까?

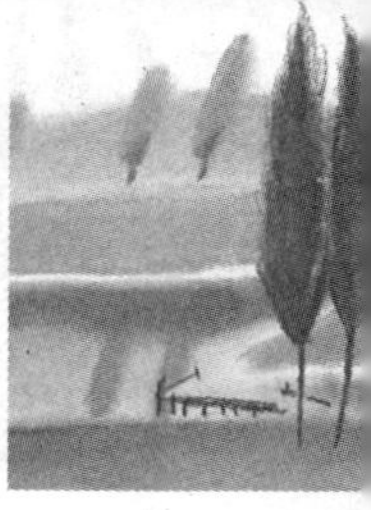

1. 하나님이 우리를 사랑하심으로

한 사람이 물에 빠졌는데 한 사람은 가만히 지켜보고만 있고 한 사람은 목숨을 걸고 뛰어 들어가 죽어가는 사람을 구해 주었습니다. 왜 한 사람은 쳐다보고 있었고, 한 사람은 목숨을 걸고 구해주었습니까?

▶▶ 당신의 생각

....

....

....

구원은 하나님의 사랑이 그 원인입니다. 하나님은 우리를 사랑하셨기 때문에 우리를 구원하셨습니다.

🍃 다음은 요한복음 3장 16절 말씀입니다. (   )에 당신의 이름을 기록하고 읽으십시오.

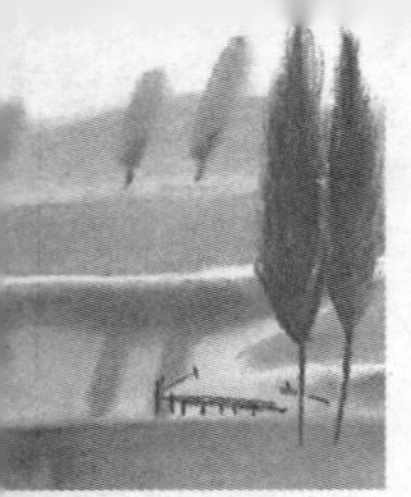

하나님이 (   )을 이처럼 사랑하사 독생자(예수님)를 주셨으니

이는 저를(예수님) 믿는 자마다 영생을 얻게 하려 하심이니라

아멘.

2. 우리가 왜 예수님을 믿어야 합니까? 예수님을 믿어야 구원을 받기 때문입니다.

성경은 예수님을 믿을 때만 구원을 받는다고 말씀합니다.

영접하는 자 곧 그 이름(예수님)을 믿는 자들에게는 하나님의 자

녀가 되는 권세를 주셨으니   요한복음 1:12

우리 마음속에 인격적으로 예수님을 영접해야 됩니다.

아들(예수님)이 있는 자에게는 생명이 있고, 아들(예수님)이 없는

자에게는 생명이 없느니라.   요한일서 5:12

예수님만이 우리의 구원이 되십니다. 예수님 외에는 구원이 없습니다. 예수님을 믿어야 구원을 받을 수 있습니다.

> 내가(예수님) 곧 길이요, 생명이니 나로(예수님) 말미암지 않고는
> 아버지께로 올 자가 없느니라.   요한복음 14:6

3. 예수님이 당신에게 영생을 주시기 위해서 하신 일이 무엇입니까? 그것은 우리의 죄를 위해서 십자가에서 죽으신 것입니다.

성경은 이 사실을 이렇게 말씀합니다.

> 우리가 아직 죄인 되었을 때에 그리스도께서 우리를 위하여 죽
> 으심으로 하나님께서 우리에게 대한 자기의 사랑을 확증하셨느
> 니라.   로마서 5:8

예수님께서 당신의 죄를 위해서 대신 죽으셨다는 사실이 믿어지십니까? 그렇다면 입으로 시인하십시오.

> 네가 만일 네 입으로 예수를 주로 시인하며 또 하나님께서 그를
> 죽은 자 가운데서 살리신 것을 네 마음에 믿으면 구원을 얻으리
> 니 사람이 마음으로 믿어 의에 이르고 입으로 시인하여 구원에
> 이르느니라.   로마서 10:9-10

나는 이제 예수님을 나의 구주로 믿는다. 나는 이제 하나님의 자녀이다. 나는 죽어도 천국에 갈 수 있다.   아멘.

4. 당신은 이제 천국까지 안전합니다.

한 번 인격적으로 예수님을 믿고 하나님의 자녀가 되면 영원히 하나님의 자녀입니다. 성경은 이 사실을 이렇게 말씀합니다.

내가 (   )에게 영생을 주노니 영원히 멸망치 아니할 터이요,
또 (   )를 내(하나님) 손에서 빼앗을 수 없느니라.
                                        요한복음 10:28

내가(하나님) 과연 (   )를 버리지 아니하고 과연 (   )를 떠나지 아니하리라.   히브리서 13:5

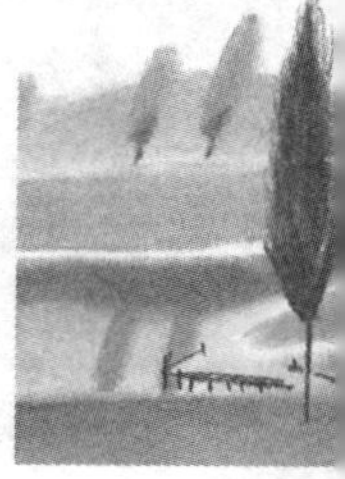

5. 이렇게 기도를 드리십시오.

하나님 아버지! 죽을 수밖에 없는 이 죄인을 위해 아들 예수 그리스도를 보내 주시사 십자가에 못 박혀 죽으심으로 나의 죄를 용서하여 주셨사오니 감사합니다. 마음 문을 열고 예수님을 나의 구주로 영접합니다. 나의 왕이 되셔서 나의 삶을 다스려 주시고, 저를 천국까지 인도하여 주옵소서. 예수님의 이름으로 기도합니다. 아멘.

3. 천국과 지옥을 아십니까?

1. 인생은 목적지가 있습니다.

육신의 생명의 목적지는 가정입니다. 하루를 살다가 결국에는 가
정으로 돌아옵니다.
우리의 영혼의 목적지는 하늘나라입니다.

🍂 그래서 예수님은 이렇게 말씀하십니다.

내 아버지 집에 거할 곳이 많도다. 그렇지 않으면 너희에게 일렀
으리라. 내가 너희를 위하여 처소를 예비하러 가노니

요한복음 14:2

2. 예수님은 천국에 대해서 이렇게 비유하셨습니다.

손에 키를 들고 자기의 타작마당을 정하게 하사 알곡은 모아 곡
간에 들이고 쭉정이는 꺼지지 않는 불에 태우시리라.

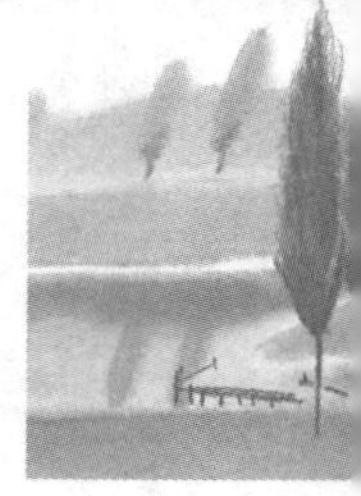

▶▶ 알곡과 쭉정이의 운명이 어떻게 됩니까?

알 곡

쭉정이

3. 누가 천국에 들어갈 수 있습니까?

예수께서 대답하시되 진실로 진실로 네게 이르노니 사람이 물과
성령으로 거듭나지 아니하면 하늘나라에 들어갈 수 없으리라.

요한복음 3:5

첫 번째 태어나는 것은 육신의 부모로부터 태어나는 것이며 거듭
나는 것은 예수님을 믿음으로 영적으로 다시 태어나는 것을 말합
니다.

4. 죄인의 목적지는 지옥입니다.

지옥은 예수님을 모르는 사람들이 들어가는 저주의 장소입니다.

풀무 불에 던져 넣으리니 거기서 울며 이를 갊이 있으리라.

마태복음 13:50

5. 누가 지옥으로 들어갑니까?

악인이 음부로 돌아감이여 하나님을 잊어버린 모든 열방이 그리
하리로다   시편 9:17

▶▶ 악인과 하나님을 잊어버린 열방들이 들어가는 곳이 어디라고 합니까?

음부란 무덤을 뜻하는 말입니다. 음부는 지옥과 가장 비슷한 곳입니다.

음부	지옥
죽은 사람이 들어감	죄인이 들어감
빛이 없다	빛이 없다(마태 22:13)

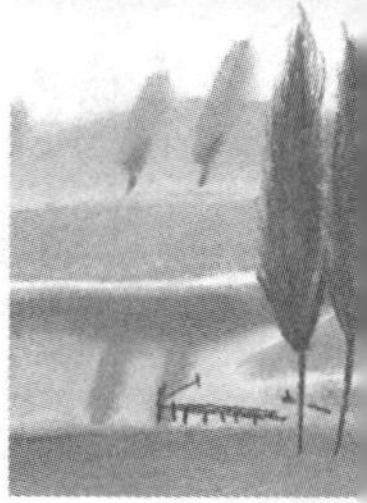

6. 지옥에서 사람들이 무엇을 구합니까?

그날에는 사람들이 죽기를 구하여도 얻지 못하고 죽고 싶으나 죽음이 저희를 피하리로다. 요한계시록 9:6

▶▶ 천국에는 구하지 않습니다. 완전한 행복을 누리기 때문에 더 바랄 것이 없습니다. 그러나 지옥에서는 죽음을 구합니다. 왜 죽음을 구할까요?

7. 지옥에 가지 않으려면 예수님을 믿어야 합니다.

하나님이 세상을 이처럼 사랑하사 독생자를 주셨으니 이는 저를 믿는 자마다 멸망치 않고 영생을 얻게 하려 하심이니라. 요한복음 3:16

믿지 않는 자는 멸망(지옥)으로 들어가고, 믿는 자는 영생(천국)에 들어가는 것입니다. 예수님을 믿고 안 믿는 것은 천국과 지옥의 차이입니다.

4. 하나님의 말씀을 가까이 하십시오.

1. 성경은 하나님의 말씀입니다.

이 세상에는 두 종류의 책이 있습니다. 하나는 하나님의 말씀이신 성경과, 사람의 말인 책이 있습니다.

▶▶ 하나님의 말씀인 성경과 사람의 말인 책들의 다른 점이 무엇입니까?

성경

책

하나님의 말씀은 살았고 운동력이 있어 좌우에 날선 어떤 검보다도 예리하여 혼과 영과 및 관절과 골수를 찔러 쪼개기까지 하며 또 마음과 생각과 뜻을 감찰하시나니   히브리서 4:12

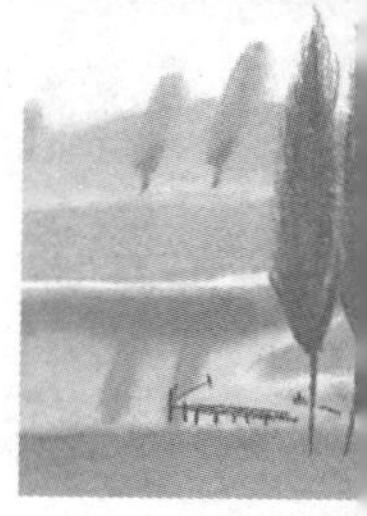

2. 성경의 핵심은 예수 그리스도이십니다.

구약성경은 예수 그리스도에 대한 예언이고, 신약성경은 구약에 예언된 예수 그리스도의 성취입니다.

성경이 곧 내게 대하여 증거하는 것이로다.　　　요한복음 5:39

성경을 통해서 예수님을 믿을 수 있습니다.
성경을 통해서 예수님을 깊이 알 수 있습니다.

3. 성경은 하나님의 말씀입니다.

모든 성경은 하나님의 감동으로 된 것으로 교훈과 책망과 바르게 함과 의로 교육하기에 유익하니

디모데후서 3:16

예언(성경)은 언제든지 사람의 뜻으로 낸 것이 아니요 오직 성령의 감동하심을 입은 사람들이 하나님께 받아 말한 것임이니라.

베드로후서 1:21

4. 성경을 읽어야 합니다.

기독교에서 성경을 읽는 것은 하늘처럼 중요한 것입니다.

🦢 **그래서 이렇게 말씀합니다.**

> 평생 자기 옆에 두고 읽어서 그 하나님 여호와 경외하기를 배우
> 며 이 율법의 모든 말과 이 규례를 지켜 행할 것이라
>
> 신명기 17:19

🦢 **성경을 읽고 들을 때 신령한 축복을 받을 수 있습니다. 신령한 축복은 성경을 통해서만 옵니다.**

> 이 예언의 말씀(성경)을 읽는 자와 듣는 자들과 그 가운데 기록
> 한 것을 지키는 자들이 복이 있나니　　　요한계시록 1:3

성경은 매일매일 읽어야 합니다.
우리가 밥을 먹듯이 영의 양식인 성경도 매일 읽어야 합니다.
그래야 우리의 영혼이 자랍니다.

5. 하나님의 말씀을 잘 들어야 합니다.

🐚 하나님의 말씀을 잘 들을 때 믿음이 자라기 때문입니다.

> 그러므로 믿음은 들음에서 나며 들음은 그리스도의 말씀으로 말
> 미암았느니라.   로마서 10:17

🐚 말씀을 잘 듣는 사람을 좋은 땅이라고 합니다. 좋은 땅에 씨가(말씀) 떨어
지면 이렇게 된다고 합니다.

> 좋은 땅에 뿌리웠다는 것은 말씀을 듣고 깨닫는 자니 결실하여
> 혹 백배, 혹 육십 배, 혹 삼십 배가 되느니라.
> 마태복음 13:23

6. 칭찬과 축복

🐚 말씀을 듣는 자에게 복이 있다고 말씀하십니다.

> 너희 귀는 들음으로 복이 있도다.   마태복음 13:16

마리아는 이 좋은 편을 택하였으니 빼앗기지 아니하리라.

누가복음 10:42

5. 교회는 당신의 영적 가정입니다.

1. 교회란 무엇입니까?

교회란 예수 믿는 사람들의 모임입니다. 이 모임은 세상에서 가장 축복된 모임입니다. 이 모임은 하나님이 오셔서 축복하시는 모임입니다.

> 두 세 사람이 내 이름으로 모인 곳에는 나도 그들 중에 있느니라.
> 마태복음 18:20

교회란 믿는 사람들의 영적인 가정입니다. 하나님이 아버지이시고 믿음의 형제자매들은 모두가 그분의 자녀입니다.

> 믿는 사람이 다 함께 있어 모든 물건을 서로 통용하고
> 사도행전 2:44

교회는 예수님의 몸입니다.

그러므로 교회에 오는 것은 주님 안에 들어오는 것이고 교회를 사랑하는 것은 주님을 사랑하는 것입니다. 자녀들이 집으로 오는 것처럼 성도들은

교회로 와야 됩니다.

교회는 그의 몸이니 만물 안에서 만물을 충만케 하시는 자의 충만이니라.　　　　　　　　　　　　　　　　　　　　　　에베소서 1:23

---

2. 교회란 무엇하는 곳입니까?

교회란 '모임' 이라는 말입니다. 교회에 열심히 모이는 일은 귀한 일이고 큰일입니다.

날마다 마음을 같이하여 성전에 모이기를 힘쓰고 집에서 떡을 떼며 기쁨과 순전한 마음으로 음식을 먹고

　　　　　　　　　　　　　　　　　　　　　　사도행전 2:46

교회에 모이는 목적은 예배입니다. 하나님은 예배를 받으시기 위해서 우리를 부르셨습니다.

아버지께 참으로 예배하는 자들은 신령과 진정으로 예배할 때가 오나니 곧 이때라. 아버지께서는 이렇게 자기에게 예배하는 자들을 찾으시느니라.　　　　　　　　　　　　　　요한복음 4:23

교회는 기도하는 곳입니다.
하나님은 교회에서 드리는 기도를 기뻐하시고 응답해 주십니다.

> 구하라 그러면 너희에게 주실 것이요, 찾으라 그러면 찾을 것이
> 요, 두드리라 그러면 너희에게 열릴 것이니라.
>
> 마태복음 7:7

교회는 찬송하는 곳입니다.
하나님은 우리의 찬송을 받으시고 기뻐하십니다.

> 할렐루야 그 성소(교회)에서 하나님을 찬양하며 그 권능의 궁창
> 에서 그를(하나님) 찬양할지어다.   시편 150:1

교회는 교제하는 곳입니다.
교회는 하나님과 교제하고 성도들과 교제하는 곳입니다.

> 날마다 마음을 같이하여 성전에 모이기를 힘쓰고 집에서 떡을
> 떼며 기쁨과 순전한 마음으로 음식을 먹고   사도행전 2:46

목장모임(구역예배)에 잘 참석하십시오. 목장모임은 성도의 교제
를 위한 최고의 모임입니다.

3. 교회에서 주의해야 할 것들.

🍃 교회에서는 사람을 보지 말고 주님만 보아야 합니다.

교회는 의인들만 모인 곳이 아니라 죄인들의 모임입니다.

사람을 보면 넘어집니다. 무슨 일이 있어도 예수님만 바라보십시오.

믿음의 주요 온전케 하시는 이인 예수를 바라보자

히브리서 12:2

🍃 교회에서는 말을 조심해야 합니다.

특별히 교회에 대해서, 목회자에 대해서, 성도들에 대해서 비방하는 말을
삼가야 합니다.

우리가 다 실수가 많으니 만일 말에 실수가 없는 자면 곧 온전

한 사람이라. 야고보서 3:2

🍃 금전거래를 조심해야 합니다.

성도들 사이에 금전거래는 금물입니다. 어려운 성도들에게 약간의 돈을
빌려줄 수는 있지만 시험들만 한 금액은 절대로 거래하지 마십시오.

내 아들아, 네가 만일 이웃을 위하여 담보하여 타인을 위하여 보

증하였으면 네 입의 말로 네가 얽혔으며 네 입의 말로 인하여

잡히게 되었느니라. 잠언 6:1–2

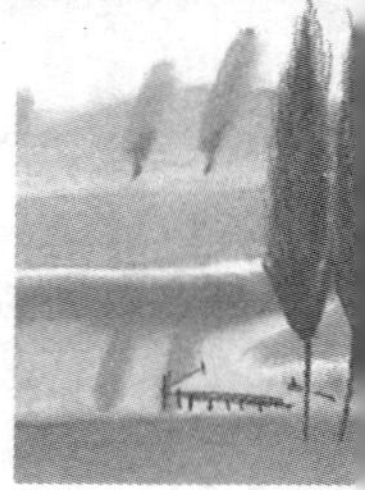

6. 사명을 잘 감당하십시오.

1. 헌금을 해야 합니다.

그리스도인은 하나님 나라를 위하여 물질을 드려야 합니다. 그래서 교회에는 헌금제도가 있습니다.

> 저들은 그 풍족한 중에서 헌금을 넣었거니와 이 과부는 그 구차한 중에서 자기의 있는바 생활비 전부를 넣었느니라.
>
> 누가복음 21:4

우리가 드려야 할 헌금은 주일헌금(매주일), 십일조헌금(수입의 십분의 일), 감사헌금(수시로), 절기헌금(신년, 부활절, 추수감사절, 성탄절)을 드려야 합니다.

2. 전도를 해야 합니다.

전도는 예수님의 유언입니다. 전도는 하나님이 가장 기뻐하시는 일입

니다.

> 또 가라사대 너희는 온 천하에 다니며 만민에게 복음을 전파하라
>
> 마가복음 16:15

 전도란 세상 사람들을 감동시킬 때 가능한 것입니다.

> 이같이 너희 빛을 사람 앞에 비취게 하여 저희로 너희 착한 행
> 실을 보고 하늘에 계신 너희 아버지께 영광을 돌리게 하라
>
> 마태복음 5:16

3. 선교를 해야 합니다.

 선교는 주님의 지상명령입니다.

> 오직 성령이 너희에게 임하시면 너희가 권능을 받고 예루살렘과
> 온 유대와 사마리아와 땅 끝까지 이르러 내 증인이 되리라 하시니
>
> 사도행전 1:8

선교는 직접선교와 간접선교가 있습니다. 선교지에 직접 나가서
선교하는 방법이 있고(가는 선교사), 선교사를 지원하는(보내는 선

교사) 선교가 있습니다.

선교는 주님의 명령이기 때문에 보내든지, 직접 가든지 해야 합니다. 보내는 선교사가 되는 방법은 기도와 재정으로 후원하는 것입니다. 매달 선교비를 작정하여 헌신해야 합니다.

4. 봉사를 해야 합니다.

교회를 다니는 성도는 한 가지 이상씩 교회를 위해 봉사해야 합니다.

🥄 **교회를 섬길 때 신앙이 자라며 믿음이 견고하게 되는 것입니다. 그래서 성경은 이렇게 말씀하십니다.**

하나님의 성령으로 봉사하며, 그리스도 예수로 자랑하고…

빌립보서 3:3

봉사를 하면서 자신을 드러내는 것은 금물입니다.
봉사를 통해서 오직 주님만 드러내야 합니다.

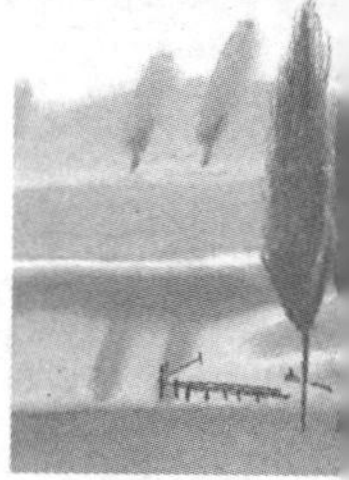

II

스스로 공부하기

"함께 공부하기는 지도자의 가르침을 따라 공부했지만, 스스로 공부하기는 혼자서 차근차근 읽고 문제를 풀어나가는 것입니다. 그렇게 함으로써 당신이 꼭 알아야 할 근본적인 기독교의 복음들을 습득하게 될 것이며, 기독교가 무엇인지를 분명하게 이해하게 될 것입니다. '복습문제'와 뒷면의 '새로운 삶을 위한 결심'을 정성을 다해 직접 쓰십시오. 그리고 주님께 기도하십시오. 주님께서 당신의 결심을 위해 도우실 것입니다"

●● 하나님은 어떤 분이신가?

1. 하나님은 영이십니다.

우리 인간은 하나님을 볼 수 없습니다. 왜냐하면, 하나님은 육체가 아니라 영이시기 때문입니다. 그래서 성경 요한복음 4:24에 "하나님은 영이시니…"라고 말합니다. 많은 사람이 하나님이 보이지 않는다고 믿지 않는 것은 참으로 어리석은 일입니다. 세상에는 보이지 않아도 존재하는 것이 많이 있습니다. 인간의 정신, 혹은 마음이 보이지는 않지만 있는 것은 누구나 인정하는 사실입니다.

우리 인간도 육체와 영혼으로 구성되어 있는데, 육체는 보이지만 영혼은 보이지 않습니다. 하나님은 영이십니다. 따라서 우리가 육신의 눈으로는 그 분을 볼 수 없지만, 우리의 영은 그 분을 인식할 수 있습니다.

2. 하나님은 거룩하십니다.

거룩하신 분은 하나님 한 분밖에 없습니다. 세상에는 거룩한 것이 하나도 없습니다. '거룩' 이라는 말은 죄와 구별된 정결하고 깨끗한 상태를 말합니다. 그래서 요한1서 1:5에는 "하나님은 빛이시라. 그

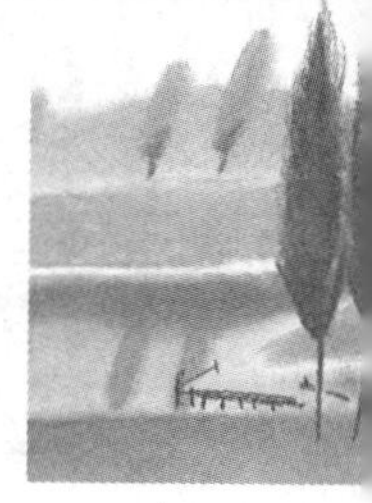

에게는 어두움이 조금도 없으시니라"고 말씀하고 있습니다. 하나님은 죄가 없으시므로 우리의 구원자가 될 수 있습니다. 석가도 마호메트도 공자도 거룩하지 못했습니다. 오직 하나님만 거룩하십니다. 그러므로 하나님만이 우리의 믿음의 대상이 됩니다.

3. 하나님은 어디에나 계십니다.

인간은 육체를 입고 있어서 한 곳에 제한적으로 존재할 수밖에 없지만, 하나님은 영이시며 전능하시기 때문에 동시에 세상 어느 곳에 계실 수 있습니다. 그래서 세상 모든 사람들의 예배를 일일이 받으실 수 있으며, 모든 사람의 기도와 찬양과 섬김을 받으실 수 있고, 모든 사람에게 은혜를 베푸실 수 있는 것입니다. 예레미야 23:24에 "나는 천지에 충만하지 아니하냐"고 말씀하십니다. 우리가 어느 곳에 있을지라도 하나님은 거기에 계십니다.

4. 하나님은 모든 것을 아십니다.

하나님은 모르는 것이 없으십니다. 과거에 일어난 일을 아시고, 현재 일어나고 있는 일이나, 장차 일어날 모든 일에 대해 아십니다. 하나님은 우리가 알 수 없는 것도 아십니다. 별들의 숫자를 아시고, 모든 인류의 이름도 기억하시며, 심지어 우리의 머리카락의 수효까지도 헤아리신다고 성경 말씀으로 표현되고 있습니다. 뿐만 아니라, 우리의 마음까지도 아십니다.

그러므로 우리는 그 분 앞에 숨길 수가 없고, 하나님 모르게 할 수 있는 일이란 아무 것도 없습니다. 우리는 하나님 앞에 드러난 존재입니다. 히브리서 4:13에 "오직 만물이 우리를 상관하시는 자의 눈 앞에 벌거벗은 것같이 드러나느니라.고 하셨습니다.

5. 하나님은 전능하십니다.

하나님의 능력은 끝이 없습니다. 하나님은 전능하신 하나님입니다. '전능' 이란 말은 하나님께서 "원하시는 것을 무엇이든지 다 하실 수 있다"는 뜻입니다. 하나님은 하늘과 땅과 그 모든 것을 지으시고, 그것을 다스리시며, 자신이 원하시는 것은 무엇이든 하실 수 있습니다. 그래서 시편 기자는 115:3절에 "오직 우리 하나님은 하늘에 계셔서 원하시는 모든 것을 행하셨나이다"라고 하였습니다. 따라서 전능하신 하나님이시기에 그는 우리의 믿음의 대상이 되십니다.

6. 하나님은 신실하십니다.

'신실하다' 고 하는 말은 "말씀하신 것을 꼭 지킨다. 는 것을 뜻합니다. 성경 히브리서 10:23에 "또 약속하신 이는 미쁘시니"라고 하였습니다. '미쁘시다' 는 것은 "틀림이 없다"는 뜻입니다. 하나님은 신실하시기 때문에 우리가 그 분을 믿을 수 있습니다. 성경은 하나님의 약속입니다. 따라서 성경 말씀은 반드시 다 이루어진다는 확

신을 갖는 것이 곧 믿음입니다.

7. 하나님은 사랑이십니다.

요한1서 4:16에 "하나님은 사랑이시라"고 말씀하십니다. 이는 하나님께서 우리를 사랑하시고, 우리에게 최상의 것을 베풀어 주고자 하신다는 것을 뜻합니다. 하나님은 죽을 수밖에 없는 우리를 사랑하셔서 그의 아들 독생자 예수까지 보내 주셨습니다. 요한복음 3:16에 "하나님이 세상을 이처럼 사랑하사 독생자를 주셨으니 이는 저를 믿은 자마다 멸망치 않고 영생을 얻게 하려 하심이니라"고 하였습니다.

당신은 하나님께 중요한 존재입니다. 하나님은 당신을 극진히 사랑하시기 때문에 아들 예수 그리스도를 당신의 죄값을 치루기 위해 십자가에 죽임을 당하도록 하셨습니다.

8. 하나님은 불변하십니다.

하나님은 절대로 변하시지 않는 분이십니다. 하나님은 그 본성과 성품이 항상 동일하십니다. 그는 자신에 대해서 이렇게 말씀하셨습니다. "나 여호와는 변역지 아니하나니"(말 3:6). 조석으로 변하는 하나님이라면 우리가 어떻게 그 분을 믿을 수 있겠습니까? 하나님은 그의 약속을 지키심에 있어 절대로 변하지 않으시기 때문에, 하나님은 우리의 믿음의 대상이십니다.

하나님은 어떤 분이신가?

1. 우리가 하나님을 볼 수 없는 이유는 무엇입니까? (　)
　　(1) 하나님은 하늘 위에 계시기 때문에.
　　(2) 하나님은 영이시기 때문에.

2. 하나님이 거룩하시다는 말은 어떤 뜻입니까? (　)
　　(1) 하나님은 두려운 분이라는 뜻.
　　(2) 하나님은 죄가 없으시다는 뜻.

3. 하나님이 어디에나 계시다는 말은 어떤 뜻입니까? (　)
　　(1) 어느 곳에나 계실 수 있으시다는 말.
　　(2) 신자가 예배하는 곳에만 계신다는 말.

4. 다음을 읽고 맞는 것에 ○표 하십시오.
　　(1) 하나님은 과거. 현재. 미래의 모든 것을 아신다. (　)
　　(2) 하나님은 모르는 것이 없으시다. (　)
　　(3) 하나님은 사람의 생각만은 모르신다. (　)

5. 다음 (　) 에 알맞은 말을 써 넣으십시오.
　　(1) 하나님은 자신이 (　) 것은 무엇이든 하실 수 있으시다.
　　(2) 전능하신 하나님은 우리의 (　)를 들어 주실 수 있으시다.

6. 다음 맞는 말에 ○, 틀린 말에 ×표를 하십시오.
　　(1) 하나님은 신실하시다.(　)
　　(2) 하나님은 사랑이시다.(　)
　　(3) 하나님은 자신의 형편에 따라 변하시기도 한다.(　)

●● 세상에 들어온 죄

1. 하나님에 의해 창조된 피조물들

(1) 천사들의 창조

천사도 하나님이 창조하신 피조물입니다. 어리석은 사람들 중
에는 하나님이 만드신 피조물인 천사를 섬기는 사람들이 있었
습니다. '천사'란 말은 "사자(使者)" 혹은 "소식을 전하는 자"
란 뜻입니다. 천사는 하나님의 사자로서 혹은 종으로 봉사하도
록 하나님이 지으신 영적 존재들입니다. 시편 103:20에 "그 말
씀의 소리를 듣는 너희 천사여, 여호와를 송축하라"고 하였습
니다. 천사는 하나님을 섬기는 피조물이지 예배의 대상이 아닙
니다. 천사는 하나님의 심부름꾼이요, 인간의 구원을 돕는 자
입니다.

(2) 천지의 창조

이 세상, 해와 달과 별들은 절대로 우연히 생긴 것이 아닙니다.
그것들은 하나님이 친히 창조하신 것입니다. 창세기 1:1에 "태
초에 하나님이 천지를 창조하시니라"고 하였습니다. 이 말씀
은, 하나님은 위대한 창조자요, 하늘과 땅을 직접 지으신 분임
을 말하고 있는 것입니다. 이사야 45:12에 "내가 땅을 만들고

그 위에 사람을 창조하였으며, 내가 친수로 하늘을 펴고 그 만상을 명하였노라"고 하였습니다. 그래서 모든 피조물은 창조주 하나님을 찬양하고 있습니다. "우리 주 하나님이여, 영광과 존귀와 능력을 받으시는 것이 합당하오니 주께서 만물을 지으신지라. 만물이 주의 뜻대로 있었고 지으심을 받았나이다"(계 4:11). 따라서 인간으로부터 경배의 대상은 피조물이 아니라 만물을 지으신 창조주 오직 하나님뿐입니다.

(3) 사람의 창조

하나님이 만드신 피조물 중에서 가장 으뜸이 되는 피조물은 사람입니다. 그래서 사람을 가리켜 '만물의 영장'이라고 하는 것입니다. 사람은 다른 피조물과 같이 만들지 않고 하나님의 특별한 관심으로 특별한 방법에 의해서 창조되었습니다. 이 사실에 대해 성경 창세기 1:26에서는 "우리의 형상을 따라 우리의 모양대로 우리가 사람을 만들고"라고 기록되어 있습니다. 이렇게 사람은 특별히 하나님의 사랑의 파트너로서 자신의 형상대로 만드신 것입니다.

또한 "하나님의 형상대로 인간을 만들었다"함은 인간을 영적 존재로 만들었다는 것입니다. 그래서 인간은 흙으로 만든 육신도 있지만, 하나님의 형상으로 지음 받은 영혼도 소유하고 있습니다. 하나님은 영이십니다. 사람도 하나님의 영을 소유하고 있습니다. 그래서 하나님의 영이 인간의 마음에 거할 수 있는 것입니다. 우리는 이 영으로 하나님을 알고, 하나님을 경배하고, 하나님을 섬길 수 있는 것입니다.

2. 죄와 피조물

(1) 천사들의 반역

하나님이 만드신 천사들 중에 가장 높은 위치에 있던 천사가 있었습니다. 그는 하늘의 모든 천사 중에서 가장 아름답고, 능력 있고, 지혜로웠습니다. 그 이름은 '계명성'(Lucifer)이었습니다. 이 계명성은 얼마 동안 하나님을 순종하여 기쁘시게 했습니다.

그러나 그는 자신이 너무나 아름다운 것을 알고는 마음이 교만해졌습니다. 그는 자신이 하나님처럼 되려고 했습니다. 그래서 그는 하나님을 반역하기에 이르렀습니다. 이사야 14:13-14에 "내가 하늘에 올라 하나님의 뭇별 위에 나의 보좌를 높이리라. 내가 북극 집회의 산 위에 좌정하리라. 가장 높은 구름 위에 올라 지극히 높은 자와 비기리라"고 하였습니다.

(2) 땅으로 쫓겨나는 천사들

계명성은 하나님의 위치에 올라 하나님처럼 피조물로부터 경배받고자 했습니다. 그래서 하나님은 반역한 천사를 높고 찬란한 지위에서 내쫓아 버렸습니다. 내쫓긴 계명성을 '사탄(satan)' 혹은 '마귀'라고 합니다. 계명성뿐만 아니라 그를 따르는 많은 무리들은 귀신, 곧 악령이 되었습니다.

이 마귀는 하나님의 백성들로 하여금 하나님을 배반하여 자신의 길을 따르도록 유혹하고 있습니다. 이것이 사탄이 하는 주된 일입니다. '사탄'이란 말은 "유혹자" "원수"란 뜻입니다. 이들

은 사람을 죄로 빠뜨리기 위해 유혹하는 사람의 원수이며, 동시에 사람을 하나님과 불화하게 만드는 하나님의 원수입니다.

(3) 사람들의 반역

하나님은 사람을 창조하신 후, 그들을 너무너무 사랑했기 때문에 에덴동산을 만들어서 그곳에 살도록 하였습니다. 그곳에는 없는 것이 없는 아름답고 풍성한 동산이었습니다. 아담과 하와는 얼마나 행복했는지 모릅니다. 하나님은 그 동산 가운데 선악을 알게 하는 나무를 두시고, 동산 안에 있는 모든 실과는 다 따먹되 선악과만은 따먹지 못하게 했습니다. 그리고 그것을 먹으면 반드시 죽을 것이라고 경고하셨습니다. 이것은 인간이 하나님께 순종해야 될 존재라는 것을 가르치시기 위함이었습니다. 어느 날, 사탄이 뱀 속에 들어와서 하와를 유혹하였습니다: "하나님이 이것을 먹지 말라고 했지? 그러나 이 실과를 먹으면 너희들도 하나님처럼 된단다." 아담과 하와는 이 사탄의 유혹에 넘어가 하나님처럼 되고 싶은 마음이 일어나 하나님이 금하신 선악과를 따먹게 된 것입니다. 드디어 최초의 사람 아담과 하와는 하나님을 반역하게 된 것입니다.

(4) 쫓겨나는 인간들

아담과 하와가 사탄의 유혹으로 말미암아 하나님께 불순종하여 죄를 범했을 때, 하나님은 그들에게 심판을 선포하셨습니다. 그 첫째가 아름다운 에덴동산에서 세상으로 쫓겨나는 것이었습니다. 그들은 더 이상 하나님을 사랑할 수 없게 되었고, 이제 그들

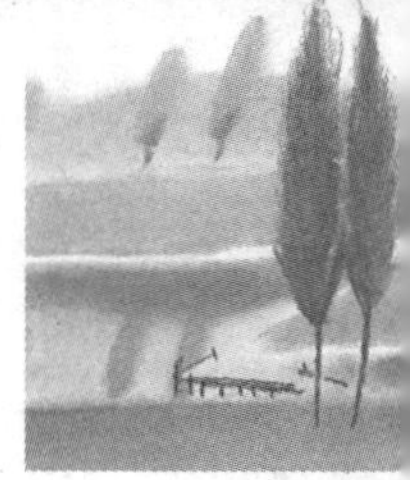

은 죽을 수밖에 없는 존재가 되었습니다. 비참한 모습으로 세상
으로 쫓겨난 인간은, 땀 흘리며 일을 해야 먹을 수 있었고, 여자
는 출산의 고통을 겪어야 했습니다.

세상에 들어온 죄

1. 천사는 누가 창조하였습니까?(   )

2. 천사란 뜻은 무엇입니까?(   )

3. 다음 중 맞는 말에 O표, 틀린 말에 ×표 하십시오.

   (1) 해와 달과 별은 우연히 생긴 것이다.(   )

   (2) 사람은 하나님의 형상대로 만들어졌다.(   )

   (3) 인간은 육신과 영혼으로 되어있다.(   )

4. 다음 (   )에 알맞은 말을 써 넣으십시오.

   (1) 천사 중에 가장 아름답고 지혜로운 천사는 (   )이며, 그는 (   )처럼
       되려고 했기에 하나님 나라에서 쫓겨났다.

   (2) 쫓겨난 계명성의 이름은 (   ) 혹은 (   )라고 하며, 그 뜻은 (   )
       혹은 (   )라는 뜻이다.

5. 하나님은 본래 사람을 창조하셔서 어디에 두셨습니까?(   )

   (1) 바닷가에 살게 하셨다.

   (2) 에덴동산에 살게 하셨다.

6. 사탄이 하와를 유혹한 말은 무엇입니까?(   )

   (1) "하나님처럼 된다."

   (2) "더 잘 살게 된다."

7. 인간이 불순종함으로 받게 된 심판에 O표 하십시오.

   (1) 에덴동산에서 쫓겨남.(   )

   (2) 땀 흘리며 일함.(   )

   (3) 여자가 출산의 고통을 겪게 됨.(   )

   (4) 평생 과일을 먹지 못함.(   )

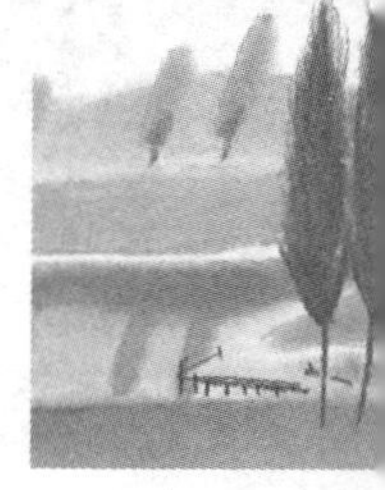

●● 갈망하는 인간들

1. 인간의 문제

(1) 한 사람의 범죄

하나님께서 창조한 아담이 에덴동산에서 범죄함으로 말미암아 아담 한 사람이 심판을 받는 데서 끝난 것이 아니라, 그의 피를 따라 난 모든 사람이 죄인으로 세상에 태어난다는 사실입니다. 인류 시조인 한 사람의 범죄함이 후손 모두의 범죄함이 된 것입니다. 로마서 5:19에 "한 사람의 순종치 아니함으로 많은 사람이 죄인된 것같이"라고 말씀하고 있습니다. 이것을 신학적으로 '원죄' 라고 합니다.

이렇게 한 사람의 범죄로 말미암아 모든 인류는 원죄라는 죄성을 가지고 태어납니다. 그래서 인간은 날 때부터 죄인으로 납니다. 누가 가르쳐 주지 않아도 죄를 짓습니다. 아기를 낳아서 세상에 물들지 않게 무인도 섬에서 키워도 역시 죄를 짓습니다. 이것은 인간에게 원죄가 있다는 증거입니다. 그러므로 모든 사람은 다 죄인입니다.

(2) 하나님의 생명으로부터 단절

하나님은 아담에게 말씀하시기를 "선악을 알게 하는 나무의 실

과를 따 먹으면 정녕 죽으리라"고 하셨습니다. 그러므로 하나님의 말씀처럼, 하나님께 불순종한 아담은 죄를 범한 즉시 영적으로 죽게 되었습니다. 영적으로 죽었다는 말은 하나님의 생명으로부터의 단절을 의미합니다. 아담 한 사람의 범죄로 말미암아 모든 인류가 그렇게 된 것입니다.

그러므로 이 세상에 태어나는 인간은 영적으로 하나님의 생명과 단절된, 본질적으로 사망의 몸으로 태어나는 것입니다. 로마서 5:12에 "이러므로 한 사람(아담)으로 말미암아 죄가 세상에 들어오고 죄로 말미암아 사망이 왔나니, 이와 같이 모든 사람이 죄를 지었으므로 사망이 모든 사람에게 이르렀느니라"고 하였습니다.

(3) 자기 뜻대로 사는 인간

아담이 하나님으로부터 창조되어 하나님과 화평의 관계에 있을 때는 하나님의 말씀에 순종하고, 하나님을 사랑하고, 그를 경배하며, 찬양했습니다. 그러나 아담이 하나님께 범죄한 이후로는 하나님의 뜻대로 살지 않고 자기 뜻대로 살기 시작했습니다. 자기를 사랑하고, 자기가 좋은 대로 행하며, 자기의 영광을 위해 삽니다. 로마서 5:19에서 사도바울은 이렇게 지적합니다 : "한 사람의 순종치 아니함으로 많은 사람이 죄인이 된 것같이…". 또한 이사야 선지자는 하나님께 순종하지 아니하는 인간을 이렇게 소개합니다 : "우리는 다 양같아서 그릇 행하여 각기 제 길로 갔거늘"(사 53:6).

그런데 사람이 이렇게 된 것은, 사탄이 사람들 마음을 조정하여 하나님의 뜻을 따르지 못하도록 한 결과입니다. 마치 하나님께

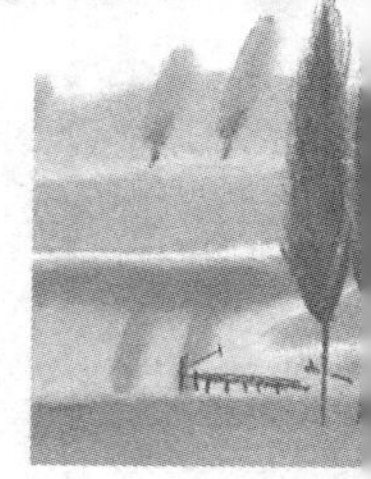

대해 청개구리와 같은 인생이 된 것입니다. 이것이 바로 우리 자신의 모습입니다. 우리가 이런 존재입니다.

2. 죄의 문제

(1) 죄는 법을 범하는 것.

인간이 죄를 범하였다고 하는 것은 법을 지키지 않는 것을 말합니다.

죄인이란 법을 지키지 않는 사람입니다. 법은 죄의 기준이 되는 것입니다. 하나님은 자신의 말씀인 성경을 통하여 무엇이 옳고 그릇된 것인지를 사람들에게 가르쳐 주셨습니다. 따라서 성경이 하나님의 법입니다. 하나님의 말씀인 이 법을 지키지 않고 불순종하는 것이 곧 죄입니다. 요한 1서 3:4에 "죄는 불법"이라고 하였습니다. 죄인된 우리 인간은 하나님의 법인 이 말씀을 온전하게 지키지 못합니다. 그러므로 우리는 하나님 앞에 죄인인 것입니다. 만약 의인이 있다고 한다면, 그는 하나님의 말씀을 완전하게 지킨 자입니다.

당신은 성경이라는 법 앞에서 어떤 사람입니까? 하나님을 사랑하라는 법, 이웃을 사랑하는 법, 원수를 사랑하라는 법을 다 지키셨습니까? 만약 그렇지 못하다면 당신은 죄인임에 틀림없습니다.

(2) 죄는 믿지 않는 것

당신의 자녀들이 당신을 부모로 믿지 않는다면 통탄할 일이 아니겠습니까? 마찬가지로, 천지를 창조하시고 우리를 지으시고 사랑하시는 하나님을 믿지 않는 것은 큰 죄입니다.

우리가 믿어야 할 것은 사랑의 하나님입니다. 그리고 우리의 죄의 값을 대신 갚으시기 위해 십자가에 못 박혀 죽으신 예수 그리스도를 믿는 것이며, 우리를 위로하시고 도와주시고 이끌어 주시는 성령님을 믿는 것입니다. 요한 1서 5:10에 "하나님을 믿지 아니하는 자는 하나님을 거짓말하는 자로 만드나니, 이는 하나님께서 그 아들에 관하여 증거하신 증거를 믿지 아니하였음이라"고 하였습니다.

3. 죄를 해결하려는 인간들

(1) 선을 행함

세상의 많은 사람들이 자신의 죄 문제를 위해 그 대가로 선행을 베풀기도 합니다. 이 세상에서 착한 일을 해야 죽어서 좋은 데 간다고 생각합니다. 그러나 죄인들의 선행은 선이 아닌 것을 알아야 됩니다. 예를 들어, 도둑놈이 많은 돈을 훔쳐서 그 돈으로 착한 일을 했다면 그 선행은 선행이 아니라 오히려 가증스러운 위선입니다.

모든 사람이 다 죄인이므로 죄인이 행하는 선은 선일 수 없는 것입니다. 그래서 어거스틴과 같은 성자는 "중생하지 아니한 선은 화려한 악이다"라고 했습니다.

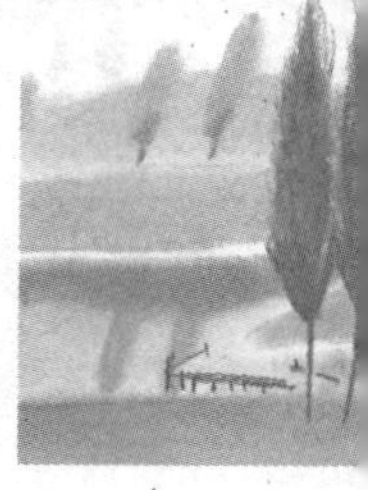

(2) 종교를 만듦

많은 사람들이 죄 문제를 해결 받고 복 받기 위해서 종교를 만들었습니다. 그러나 종교가 인간의 죄 문제를 해결할 수는 없습니다. 불교에서는 죄라는 말 자체도 없습니다. 모든 종교의 창시자도 여전히 다 죄인입니다. 죄인이 어떻게 죄인을 구원할 수 있겠습니까? 성경은 "소경이 소경을 인도하다가는 둘 다 물에 빠지게 된다"고 말씀하십니다. 그러므로 오직 인간의 죄를 해결할 수 있는 분은 본래부터 죄가 없으신 예수 그리스도밖에 없습니다.

(3) 세상적 성공을 추구함

죄가 없는 인간은 모든 것이 만족한 상태였습니다. 그러나 죄를 범한 후 인간은 내적 갈증을 느끼게 되었습니다. 내세에 대한 불안과 초조로 참 자유와 행복을 느낄 수 없게 되었습니다. 그것은 하나님께로부터 오는 영적 공급이 중단되었기 때문입니다. 그래서 사람들은 이 세상에서의 성공으로 죄의 문제를 가리려고 노력하고 있습니다. 세상적인 성공을 추구함으로 죄로 말미암아 공허해진 내적 문제를 채우려고 온갖 정열을 쏟고 있습니다. 그러나 주님은 말씀하십니다 : "사람의 생명이 그 소유의 넉넉한 데 있지 아니하니라"(눅 12:15).

갈망하는 인간들

1. 아담과 하와의 범죄로 어떤 결과를 낳았습니까?(　)
　(1) 모든 인류가 죄로 인해 심판을 받게 됨.
　(2) 아담과 하와가 인류의 대표로 심판을 받게 됨.

2. 인간이 죄를 지었다는 말은 무슨 의미입니까?(　)
　(1) 하나님의 생명으로부터의 단절.
　(2) 하나님의 상급으로부터의 단절.

3. 인간이 죄를 범한 이후로 어떻게 삽니까?(　)
　(1) 하나님의 뜻대로 산다.
　(2) 자기 뜻대로 산다.

4. 죄가 무엇인지 맞는 것에 ○표 하십시오.
　(1) 법을 지키지 않는 것이다.(　)
　(2) 하나님의 말씀대로 살지 않는 것이다.(　)
　(3) 죄는 하나님을 믿지 않는 것이다.(　)

5. 죄를 해결하려고 인간들은 어떤 노력을 합니까?
　(1) 선행을 베풀려고 한다.(　)
　(2) 종교를 만들어서 해결하려 한다.(　)
　(3) 세상적인 성공을 추구한다.(　)

6. 죄를 해결할 수 있는 방법은 무엇입니까?(　)
　(1) 예수 그리스도를 믿는 것이다.
　(2) 선행을 위해 물질을 많이 사용하는 것이다.
　(3) 남의 죄를 용서한다.

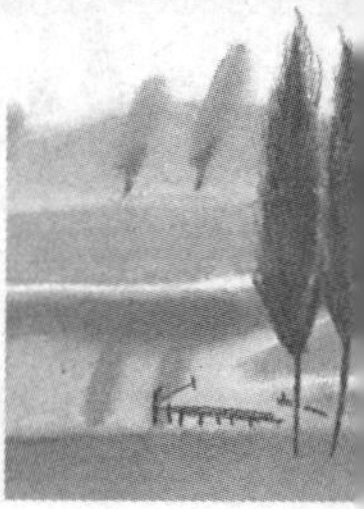

●● 세상에 오신 예수님

1. 하나님이신 예수님

(1) 큰 비밀

"하나님이 어떻게 사람이 될 수 있는가?" 이것은 우리의 생각으로는 이해할 수 없는 일입니다. 그러나 하나님 편에서는 얼마든지 가능한 일입니다. 전능하신 하나님께서는 하실 수 없는 일이 없기 때문입니다. 인간들의 죄를 위해 십자가에 못 박혀 죽으시기 위해서는 하나님이 친히 육신으로 오셔야 했습니다.

피흘림이 없이는 죄사함이 없기 때문에, 예수님은 육신을 입으시고 오셔야 했습니다. 육신만이 피를 흘릴 수 있으며, 육신만이 십자가에 달릴 수 있기 때문입니다.

이것은 하나님의 큰 비밀입니다. 이 사실을 아는 사람이 복된 사람입니다. 디모데전서 3:16에 "크도다 경건의 비밀이여, … 그는 육신으로 나타난바 되시고"라고 말씀하고 있습니다.

(2) 기원 700년 전의 선언

예수님은 우연히 이 세상에 탄생된 분이 아닙니다. 이 세상의 어떤 종교의 창시자들도 예언에 의해서 태어나지 않았습니다. 그들은 태어나서 살다가 도를 깨우치고 종교를 만들었습니다.

그러나 예수님은 수천 년 전부터 인생의 죄를 위해 오신다고 말씀하셨습니다. 구약성경 전체가 예수님이 인간의 죄를 위해 오실 것에 대한 예언입니다. 특히, 주전 700년에 이사야 선지자는 정확하게 그리스도의 탄생과 이름까지 예언하고 있습니다. 구약성경 이사야 9:6에 "이는 한 아기가 우리에게 났고 한 아들을 우리에게 주신 바 되었는데, 그 어깨에는 정사를 매었고, 그 이름은 기묘자라, 모사라, 전능하신 하나님이라"고 기록되어 있습니다.

(3) 처녀의 몸을 빌려 오신 예수님

하나님은 수천 년 전부터 예수 그리스도가 특별한 방법에 의해 탄생하실 것임을 말씀하셨습니다. 그 분은 순결한 처녀의 몸에서 태어날 것이라고 했습니다. 이사야 7:14에 이렇게 말씀하고 있습니다 : "그러므로 주께서 친히 징조로 너희에게 주실 것이라. 보라, 처녀가 잉태하여 아들을 낳을 것이요 그 이름은 임마누엘이라 하리라."

실제로 예수님은 마리아라는 처녀의 몸을 통해 오셨습니다. 요셉과 결혼도 하지 않은 처녀 마리아에게 아기 예수님이 잉태된 것입니다. 세상에 이런 일이 있었습니까? 석가도 공자도 마호메트도 육신의 아버지와 어머니 사이에서 태어났지만, 예수님 한 분 만은 혈육의 아버지 없이 성령님의 능력으로 잉태되어 이 땅에 오셨습니다. 이 분이 하나님입니다. 우리는 이 분을 믿는 것입니다.

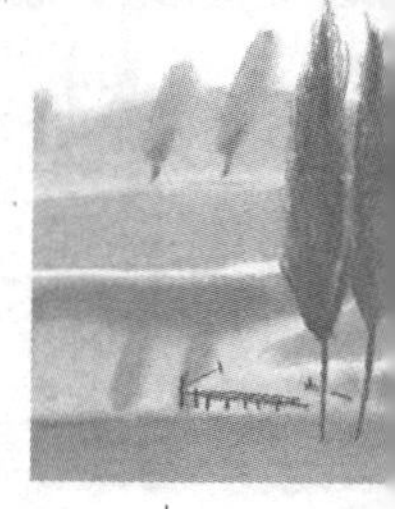

(4) 천사들의 증언

하나님의 말씀을 신실하게 믿었던 경건한 하나님의 사람들은 수천 년 전부터 오실 예수 그리스도를 기다렸습니다. 그러던 어느 날, 한 천사가 마리아에게 나타났습니다. 천사는 두려워 떠는 마리아에게 다음과 같이 말하였습니다 : "마리아여, 무서워 말라, 네가 하나님께 은혜를 얻었느니라. 보라, 네가 수태하여 아들을 낳으리니 그 이름을 예수라 하라"(눅 1:30-31). 예수님께서 선지자들의 말대로 처녀에게서 탄생하셨던 것입니다.

또 한 천사는 가까운 들에 있는 목자들에게 나타나서 그들에게 좋은 소식을 전하였습니다 : "무서워 말라. 보라, 내가 온 백성에게 미칠 큰 기쁨의 좋은 소식을 너희에게 전하노라. 오늘날 다윗의 동네에 너희를 위하여 구주가 나셨으니 곧 그리스도 주시니라"(눅 2:10-11). 천사들은 거짓말을 하지 않습니다. 천사의 증언은 참된 것입니다. 그래서 목자들이 이 사실을 믿고 다윗의 동네로 갔을 때, 거기에는 인류의 구주로 오신 아기 예수가 있었습니다.

2. 하나님으로서의 예수님의 삶

(1) 죄 없으신 삶

예수님은 육신을 입으셨기 때문에 우리 인간과 똑같았습니다. 음식을 먹고, 잠을 자고, 쉬기도 하고, 일도 하셨습니다. 그러나 그는 인간과 다른 점이 있었습니다. 모든 사람이 실패하고, 미

워하고, 시기하고, 욕심이 가득하여 죄인으로 살아갔지만, 예수님은 죄가 없는 하나님이시기 때문에 죄를 짓지 않으셨습니다. 성경에는 예수님의 죄짓는 모습이 한 번도 기록되지 않았습니다. 그래서 히브리서 기자는 4:15에 "모든 일에 우리와 한결같이 시험을 받은 자로되 죄는 없으시니라"고 하였습니다. 죄를 짓는 삶은 인간의 삶이요, 죄를 짓지 않는 삶은 하나님의 삶입니다.

(2) 하나님의 선언

세상의 많은 종교 창시자들은 감히 자신이 하나님이라고 말하지 못했습니다. 석가도 그렇게 말하지 못했고, 공자도 그렇게 말하지 못했습니다. 그렇지만 예수 그리스도는 자신이 하나님이심을 선포했습니다. 요한복음 10:30에 "나와 아버지는 하나이니라"고 하셨고, 또 요한복음 14:9에는 "나를 본 자는 아버지를 보았다"고 하셨습니다. 이것은 예수님의 하나님이심에 대한 선언입니다. 그러므로 예수님을 믿는 것은 곧 하나님을 믿는 것입니다. 예수님은 곧 하나님이시기 때문입니다.

3. 예수께서 행하신 하나님의 일

(1) 자연을 다스리심

하늘에서 내리는 비를 내리지 못하게 할 자, 부는 바람을 불지 못하게 할 자, 떠오르는 태양을 뜨지 못하게 할 자, 바다의 파도

를 잔잔하게 할 자가 과연 이 세상에 있겠습니까? 그런 사람은 한 사람도 없습니다. 만약 그런 사람이 있다고 한다면, 그 사람은 하나님일 것입니다.

어느 날, 예수님께서 제자들과 함께 배를 타셨습니다. 예수님께서 배 안에서 주무시는 동안 큰 광풍이 일어났습니다. 그들은 무서워서 주무시고 있는 예수님을 깨웠습니다. 예수님께서 일어나셔서 바람과 바다를 향해 "고요하라, 잔잔하라!"고 꾸짖자, 바람과 파도가 곧 잔잔해졌습니다. 세상에 이런 일을 할 수 있는 사람은 없었습니다. 천지를 창조하신 하나님만이 하시는 일을 예수님이 하신 것입니다. 예수님은 이 땅에 오신 하나님이시기 때문입니다.

(2) 귀신을 정복함

귀신은 천사장 루시퍼와 함께 타락한 무리들입니다. 이들은 사탄의 명령을 받아 사람을 괴롭힙니다. 사람의 몸속에 들어가 질병을 일으키기도 하고, 사람의 정신을 혼란하게도 합니다. 사람으로서는 이 귀신을 제압할 수 없습니다. 이때에도 많은 귀신의 역사가 있어서 사람들을 괴롭게 하였습니다. 그러나 이 귀신들도 예수님 앞에서는 벌벌 떨었습니다.

예수님은 많은 귀신들린 사람들을 명령 한 마디로 고쳐 주셨습니다. 이 사실을 본 사람들은 놀라서 이렇게 말하였습니다 : "이 어떠한 말씀인고, 권세와 능력으로 더러운 귀신을 명하매 나가는도다!"(눅 4:36) 귀신을 쫓아내는 권세는 하나님의 권세입니다. 귀신을 쫓아내는 일은 전능하신 하나님만의 일입니다.

(3) 질병을 정복함

예수님은 사랑이 많으신 분이셨습니다. 그래서 많은 환자를 만날 때 그들을 불쌍히 여기셨습니다. 뿐만 아니라, 병자들을 친히 고쳐주셨습니다. 장님의 눈을 뜨게 했습니다. 귀머거리도 고쳐 주셨고, 문둥병자도 고쳐 주셨습니다.

예수님 앞에서 모든 질병이 물러갔습니다. 누가복음 4:40에 이렇게 말씀하고 있습니다 : "각색 병으로 앓는 자 있는 사람들이 다 병인을 데리고 나아오매 예수께서 일일이 그 위에 손을 얹으사 고치시니" 사람들이 고치지 못하는 각양 병자들을 예수님은 모조리 고치셨습니다. 이러한 일은 우리 인간을 창조하시고 다스리시는 하나님만이 하실 수 있는 일입니다.

(4) 죽음을 정복함

죽은 사람을 살릴 수 있었던 사람은 세상에 아무도 없습니다. 앞으로도 없을 것입니다. 그러나 예수님은 세상에 계실 때 죽은 사람을 살리셨습니다. 하나도 아니고 세 사람이나 살리셨습니다. 이미 죽은 지 며칠 지나서 부패되어 냄새가 나는 나사로를 말씀 한 마디로 살리셨습니다.

예수님은 무슨 주문을 외우거나 마술을 부려 살려낸 것이 아닙니다. "내가 네게 말하노니 일어나라!" 이 말씀 한 마디로 죽은 자가 살아난 것입니다. 죽음을 다스리며, 죽음을 정복하신 분이 하나님이신 예수 그리스도이시기 때문입니다.

4. 하나님께 가는 길

(1) 예수님을 통하지 않고는 갈 수 없는 곳

예수님은 자신을 통하지 않고는 하나님의 나라에 들어갈 수가 없다고 말씀하셨습니다. 요한복음 14:6에 "내가 곧 길이요 진리요 생명이니, 나로 말미암지 않고는 아버지께로 올 자가 없느니라"고 하셨습니다.

예수님은 천국 가는 길입니다. 예수님은 생명입니다. 예수님은 이것을 위해서 이 세상에 오신 것입니다. 예수님이란 길을 통하지 않고 천국에 들어 갈 사람은 이 세상에 한 사람도 없습니다. 그러므로 우리가 영원히 사는 길은 곧 예수님을 믿는 것입니다.

(2) "나를 믿으라!"

요한복음 14:1에 "너희는 마음에 근심하지 말라. 하나님을 믿으니 또 나를 믿으라"고 하셨습니다. 예수님이 하나님이시기 때문에 예수님을 믿는 것은 곧 하나님을 믿는 것입니다. 또 요한복음 6:47에 "진실로 진실로 너희에게 이르노니 믿는 자는 영생을 가졌나니"라고 말씀하셨습니다. 예수님을 믿는 자만이 영생을 얻을 수 있습니다. 그래서 사랑의 예수님은 죄로 인해 비참해진 인간들을 향해 자신을 믿으라고 강조하고 있는 것입니다.

우리는 우리의 죄로 인하여 십자가에 달리신 예수님을 믿어야 합니다. 우리의 영원한 운명은 예수님을 믿느냐 안 믿느냐에 달려 있는 것입니다. 요한복음 3:36에 이렇게 말합니다 : "아

들을 믿는 자는 영생이 있고, 아들을 순종치 아니하는 자는 영
생을 보지 못하고 도리어 하나님의 진노가 그 위에 머물러 있
느니라.”

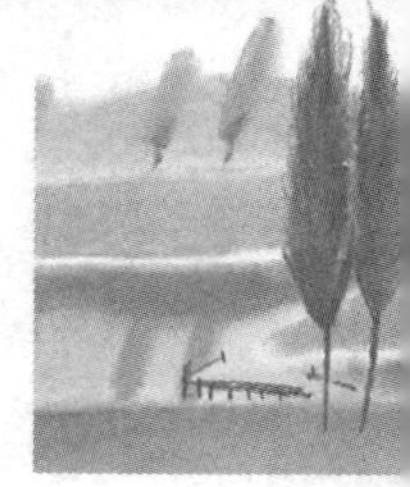

세상에 오신 예수님

1. 예수님은 왜 육신을 입으시고 이 땅에 오셔야 했습니까?
   (1) 십자가에 못 박히심으로 인간을 구원하기 위해.
   (2) 인간들의 비참함을 직접 살피기 위해.

2. 구약성경은 무엇에 대해 기록한 책입니까?( )
   (1) 이 땅에 오실 예수님에 대한 예언의 말씀.
   (2) 이스라엘 역사에 대해 기록한 책.

3. 처녀의 몸을 빌려 오신 예수님은 어떤 분이십니까?( )
   (1) 남의 죄에 대해 책임이 없으시다.
   (2) 죄가 없으시다.

4. 천사들이 전한 것은 무엇입니까?( )
   (1) 예수 그리스도의 탄생.
   (2) 하나님의 심판.

5. 예수님이 하나님이셨다는 증거가 무엇입니까?( )
   (1) 죄가 없으신 삶.
   (2) 아기로 태어났으나 어른처럼 행동했다는 점.

6. 예수님께서 행하신 일에 대해 맞는 것에 ○표 하십시오.
   (1) 바람과 파도를 잔잔케 하심.( )
   (2) 귀신들을 쫓아내심.( )
   (3) 온갖 질병을 고쳐주심.( )
   (4) 죽은 자를 살리심.( )

7. 예수님은 "내가 곧 ( )이요, 진리요, ( )이다"라고 말씀하셨습니다.

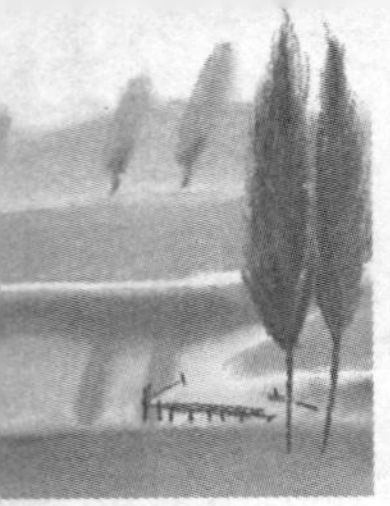

1. 예수님의 죽으심

(1) 세상 죄를 지신 예수님

성경은 죄가 얼마나 무서운 것인지를 가르치고 있습니다. "죄의 삯은 사망"입니다. 죄는 죽는 것입니다. 죄를 지으면 모두가 죽어야 합니다. 인류가 모두 죄를 범하므로 마땅히 죽어야 했습니다.

그러나 한 가지 사는 방법이 있습니다. 그것은 나대신 누가 죽어주면 나는 죽지 않아도 됩니다. 나의 죄의 값이 지불되었기 때문입니다. 히브리서 9:22에 "피흘림이 없은즉 사함이 없느니라"고 했는데, 이 말씀은 대신 감당하는 죽음, 곧 희생되는 피흘림은 다른 형벌자의 사면을 보장한다는 뜻입니다. 죄 문제를 해결하는 길은 그것에 따른 피흘림(죽음)입니다. 그래서 하나님은 죄인들에게 하나님 앞에 나아오는 방법을 가르쳐 주셨습니다. 수천 년 동안 사람들은 어린 양을 희생 제물로 하나님께 바쳤습니다. 그들은 그것으로 인해 하나님 앞에 나올 수 있었습니다.

대부분 이 희생 제물은 어린 양이었습니다. 어린 양을 죽여서 제단에 드리고 그 피를 가지고 하나님 앞에 나갈 수 있었습니다. 그런데 이 짐승의 피가 속죄의 유효한 것은 아니었습니다.

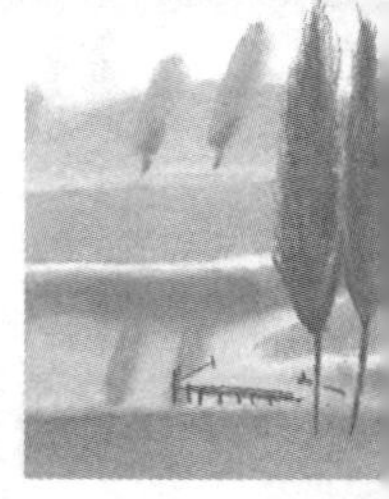

이것은 단지 장차 우리를 위해 십자가에 달리시어 피를 흘리실 예수님의 제물 되심의 예표였습니다. 하나님은 죄인들을 위해 자기 아들을 세상에 보내실 것이며, 그는 어린 양과 같이 흠이 없는 분으로서 우리의 죄를 위한 제물로 십자가에 달려 죽으실 것을 자기 백성에게 가르치셨던 것입니다.

(2) 피흘림의 필수성

"피흘림이 없은즉 사함이 없다"는 것은(히 9:22) 하나님의 법입니다. 하나님은 공의로운 분이시기 때문에 법을 어긴 자를 슬그머니 봐줄 수 없는 분입니다. 피흘림이 있어야 죄가 사해지는 것입니다. 그런데 죄인의 피로써는 효력이 없습니다. 죄인의 피는 죄용서 받을 가치가 없기 때문입니다. 반드시 의인의 피여야 합니다.

그런데 이 세상에는 의인이 한 사람도 없습니다. 그렇기 때문에 세상에는 인류의 죄를 위해 대신 피를 흘릴 자격이 있는 사람이 없습니다. 오직 죄가 없으신 분은 하나님 자신밖에 없습니다. 그래서 하나님이 직접 육신을 입으시고 이 땅에 오셨고, 그는 우리의 죄를 떠맡으시어 십자가에서 피 흘려주셨습니다. 이 분이 구주 예수 그리스도이십니다.

(3) 죽음에 대한 예고

우리 인간은 언제 이 세상을 떠나게 될지 아무도 모릅니다. 50년을 살지 80년을 살지 아무도 모릅니다. 그러나 예수님은 자신의 죽음의 날을 알고 계셨습니다. 뿐만 아니라, 삼일 만에 살

아나실 것도 알고 계셨습니다.

예수님은 마태복음 20:18-19에 "보라, 우리가 예루살렘으로 올라가노니 인자가 대제사장들과 서기관들에게 넘기 우매 저희가 죽이기로 결안하고 이방인들에게 넘겨주어 그를 능욕하며 채찍질하며 십자가에 못 박게 하리니 제 삼일에 살아나리라"고 하셨습니다. 예수님은 자신이 인류의 죄를 위해 죽어야 할 것을 아시고 제자들에게 미리 말씀하셨던 것입니다.

(4) 죽음에 대한 예수님의 기도

예수님께서는 자신의 죽음이 임박한 줄 아시고 제자들과 함께 떡과 포도주를 가지고 만찬을 나누셨습니다. 떡은 예수님 자신의 몸을 의미하고 포도주는 인류를 위해 십자가에서 흘리시는 예수님의 피를 의미하는 것이었습니다.

그 후 예수님께서는 다른 제자들과 함께 겟세마네라는 동산으로 가셨습니다. 우리를 위해 십자가에서 제물이 될 것을 생각하시고 기도하기 위해서입니다. 예수님께서는 십자가의 고통이 엄청나게 큰 것을 아셨기 때문에 "아버지여, 만일 할 만하시거든 이 잔을 내게서 지나가게 하옵소서"(마 26:39)라고 기도했습니다.

그러나 예수님은 이어서 "그러나 나의 원대로 마옵시고 아버지의 원대로 하옵소서"라고 기도하심으로써, 자신의 원하는바 육신의 고통을 면하기 보다는, 하나님이 원하시는 인류 구원의 뜻이 이루어지길 위해서 더욱 간절히 기도하셨던 것입니다.

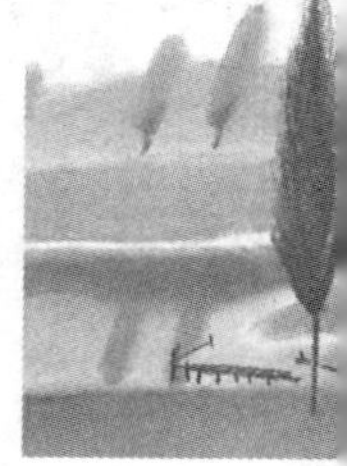

(5) 지옥의 고통

로마 군인들은 예수님을 붙잡았습니다. 대제사장 앞에 끌려가신 예수님은 종들로부터 온갖 조롱을 당하셨습니다. 그들은 예수님 얼굴에 침을 뱉고 조롱하며 채찍으로 때렸습니다. 갈대로 머리를 내리쳤습니다. 가시 면류관을 머리에 씌우고 희롱했습니다. 예수님의 머리는 가시에 찔려 피가 흘렀습니다.

드디어 예수님은 채찍을 맞아가며 십자가를 지시고 골고다 언덕을 오르셨습니다. 로마 군인들에 의해 예수님은 옷이 벗겨진 채 십자가 틀에 눕혀져 양 손에 못이 박혔고 발에도 못이 박혔습니다. 십자가는 세워졌고, 예수님은 박힌 못에 의해 그 위에 달리셨습니다. 예수님의 몸에서 물과 피가 다 빠졌습니다. 예수님은 너무 고통스러워서 "나의 하나님, 나의 하나님, 어찌하여 나를 버리시나이까!"라고 절규하였습니다. 이것은 지옥의 고통입니다. 우리가 겪어야 할 지옥의 고통을 주님께서 당하신 것입니다.

이 예수를 믿는 자에게는 그 같은 고통이 제하여 집니다. 우린 예수님 때문에 그런 지옥의 고통을 당하지 않아도 됩니다. 할렐루야!

2. 예수님의 부활

(1) 말씀대로 살아나심

로마 군인들에 의해 십자가에 못 박혀 돌아가신 예수님은 아리

마대 사람 요셉에 의해서 그의 무덤에 장사되었습니다. 이 무덤은 바위산을 파서 만든 것입니다. 군인들은 예수님의 무덤 입구를 큰 바위로 막았습니다. 그리고는 인봉하고 무덤을 지켰습니다.

그러나 안식 후 첫날 새벽에 예수님은 그 자신의 말씀하시던 대로 부활하셨습니다. 그 사실을 미처 모르고 예수님을 따르던 여인들이 날이 밝자 시신에 향료를 바르기 위해 무덤으로 갔습니다. 그러나 이미 무덤의 돌문은 열려져 있었습니다. 천사가 그들에게 말했습니다 : "무서워 말라. 십자가에 못 박히신 예수를 너희가 찾는 줄을 내가 아노라. 그가 여기 계시지 않고 그의 말씀하시던 대로 살아나셨느니라. 와서 그의 누우셨던 곳을 보라."(마 28:5-6) 여인들은 예수님이 부활하셨음을 확인하고 급히 제자들에게 그 사실을 알렸습니다.

그 후 예수님은 500여명의 사람들에게 나타나셔서 부활하신 모습을 보여 주셨고, 부활하신 후 40일간 이 땅에서 자신의 부활을 증거하시다가 승천하셨습니다.

(2) "의심하지 말라!"

도마라고 하는 제자가 있었습니다. 그는 의심이 많았습니다. 부활한 예수님에 대해서 다른 제자들이 말할 때, 그는 그 사실을 믿지 않았습니다. 8일 후 예수님께서 도마에게 나타나셨습니다. 예수님은 도마에게 "네 손가락을 이리 내밀어 내 손을 보고 네 손을 내밀어 내 옆구리에 넣어보라. 그리하고 믿음 없는 자가 되지 말고 믿는 자가 되라"고 말씀하셨습니다. 도마는 더 이상 의심할 수 없었습니다. 그래서 그는 부활하신 예수님께 "나

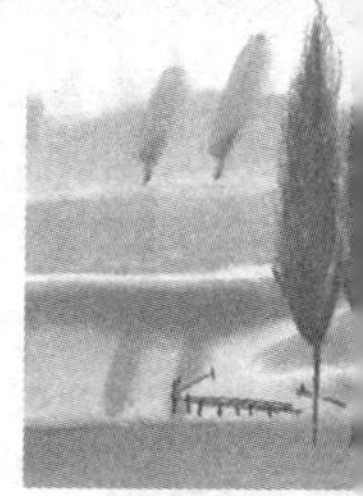

의 주시며 나의 하나님이시니이다"라고 고백하였습니다. 이 예
수님의 부활을 믿는 사람은 장차 자신도 부활할 수 있다는 소망
을 갖게 됩니다.

인간을 위한 예수님의 사역

1. 예수님이 십자가에서 흘리신 피가 어떻게 우리의 죄를 소멸시킬 수가 있습니까?

   (1) 죄 없으신 분으로서 하나님께 드려지는 제물이 되셨기에.

   (2) 십자가에서 흘리신 피는 그 양이 많기 때문에.

2. 예수님이 이 땅에 오신 목적은 무엇입니까?(　)

   (1) 세상 사람들의 죄를 대신 갚으시기 위해서.

   (2) 사람들이 싸우지 않고 화평하게 살게 하기 위해서.

3. 맞는 말에 ○표 하십시오.

   (1) 세상에는 의인이 한 사람도 없다.(　)

   (2) 예수님은 자신이 언제 죽을지는 모르셨다.(　)

   (3) 떡은 예수님의 몸, 포도주는 예수님의 피를 의미한다.(　)

   (4) 예수를 믿는 자에게도 지옥의 고통은 있다.(　)

4. 다음에 간단하게 답하십시오.

   (1) 무덤을 찾은 여인들에게 예수님의 부활을 말한 이는 누구입니까?(　　)

   (2) 여인들은 먼저 누구에게 예수님의 부활 소식을 전했습니까?(　　)

   (3) 부활하신 예수님을 의심한 제자는 누구입니까?(　　)

5. 맞는 것에 ○표 하십시오.

   (1) 예수님은 부활하신 후 4일 동안 이 땅에 계셨다.(　)

   (2) 부활하신 예수님은 하늘로 올라가셨다.(　)

   (3) 부활하신 예수님을 믿는 사람은 자기도 부활할 것을 믿는다.(　)

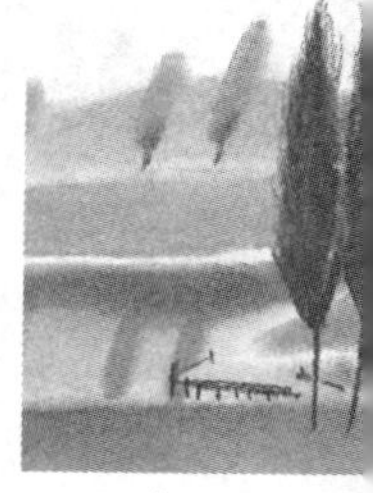

●● 그리스도안에서의 삶

1. 그리스도 안

성경 가운데서 가장 귀하고 복된 말씀은 "그리스도 안(in christ)"이라는 말일 것입니다. 특별히 사도 바울은 그의 서신에서 "그리스도인"이라는 말을 가장 많이 사용하고 있습니다. 신약성경에만 이 말이 약 130번 정도 사용되고 있습니다. 우리가 어머니 뱃속에 있을 때 어머니가 보호하고 지켜 주듯이, 우리가 그리스도 안에 있으면 전능하신 하나님께서 모든 일에 있어 보호하십니다.

그리스도 안에 있는 것은 큰 축복이며 행복입니다. 고린도전서 1:30에 "너희는 하나님께로부터 나서 그리스도 예수 안에 있고"라고 했고, 고린도후서 5:17에는 "그런즉 누구든지 그리스도 예수 안에 있으면 새로운 피조물이라. 이전 것은 지나갔으니 보라 새 것이 되었도다"라고 하였습니다.

그리스도 안에 있다는 것은 또한 그리스도의 인격과 그 분이 행하신 일에 나도 함께 참여한다는 것을 말합니다. 이제 예수를 믿는 당신은 그리스도 안에 있습니다. 따라서 주님 되시는 예수님의 안내를 받는 당신의 삶은 참으로 행복한 삶입니다.

2. 그리스도 안에서의 축복

(1) 죄사함을 받음

우리가 그리스도 안에 있음으로 인해 우리의 죄를 용서 받을 수 있습니다. 우리가 세상을 살면서 그 어떤 죄를 범한다 해도, 주님의 이름으로 우리의 죄를 고백하면 깨끗하게 됩니다. 이것은 그리스도 안에 있는 자에게 주어진 특권입니다. 용서받을 수 있는 길이 있다는 것이 얼마나 다행스러운 일입니까? 골로새서 1:14에서 바울은 이렇게 말합니다 : "그 아들 안에서 우리가 구속 곧 죄사함을 얻었도다."

(2) 의롭다함을 받음

세상 모든 사람들은 죄인입니다. 세상에는 의인이 한 사람도 없습니다. 예수 그리스도만이 의인이십니다. 예수님은 완전한 의인입니다. 그러므로 그 분 안에 있다는 것은 그 분의 의 안에 있다는 것입니다. 그리스도 안에 있을 때, 우리는 의롭게 되는 것입니다. 예수 그리스도를 통해서 하나님은 우리를 의롭다고 인정해 주시는 것입니다.

그 분이 우리의 죄를 담당하셨기에 우리는 의로운 사람의 자격자들입니다. 우리의 공로가 아니라, 예수님의 공로로 의인의 자격자가 되었으니 얼마나 감사한 일입니까? 바울은 고린도후서 5:21에서 이렇게 말합니다 : "하나님이 죄를 알지도 못하신 자로 우리를 대신하여 죄를 삼으신 것을 우리로 하여금 저의 안에서 하나님의 의가 되게 하심이니라."

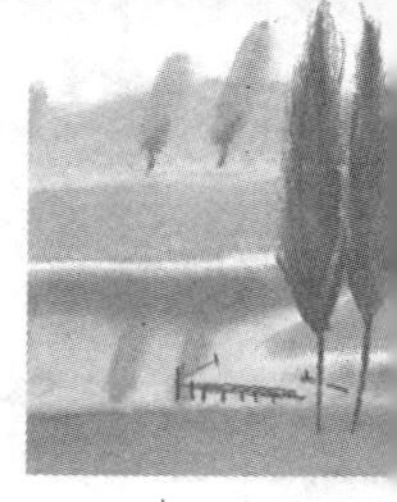

3. 그리스도 안에서의 삶

(1) 그리스도 안에서의 신분

하나님은 그리스도 안에서 우리에게 거룩한 신분을 주셨습니다. 이 신분은 변할 수가 없습니다. 한 번 아버지의 아들이 되면 영원한 아버지의 아들이 되는 것처럼, 한 번 그리스도 안에 있으면 영원한 그리스도 안에서의 존재입니다. 히브리서 10:14에는 이렇게 기록되었습니다 : "저가 한 제물로 거룩하게 된 자들을 영원히 온전케 하셨느니라."

(2) 그리스도 안에서의 보호

그리스도 안에 있는 자녀는 그리스도로부터 보호를 받습니다. 사탄은 신자들을 유혹하여 하나님 섬기는 일을 힘들게 하기도 하고, 그것에 대해 갈등을 갖도록 합니다. 또한 강력한 세력으로 도전받게도 하며, 때로는 생명의 위협과 물질적 재앙을 당하게도 합니다. 그러나 우리 주님은 자기 안에 있는 신자들을 특별한 방법으로 보호합니다. 그 보호하심이 곧 그의 무한하신 사랑입니다. 그 사랑의 힘에 비견될 그 어떤 적이 없습니다. 신자가 이런 특권을 누리는 것은 그리스도 안에 있기 때문입니다. 로마서 8:38-39의 말씀은 신자의 특권에 대해 이렇게 기록되어 있습니다 : "내가 확신하노니 사망이나 생명이나 천사들이나 권세자들이나 현재 일이나 장래 일이나 능력이나 높음이나 깊음이나 다른 아무 피조물이라도 우리를 우리 주 그리스도 예수 안에 있는 하나님의 사랑에서 끊을 수 없으리라."

(3) 신분에 합당한 삶

우리의 신분은 그리스도 안에서 거룩하지만, 우리의 삶은 그렇게 거룩함에 완전하지 못합니다. 그것은 우리 속에 죄성이 있기 때문입니다. 요한 1서 1:8에 "만일 우리가 죄없다 하면 스스로 속이고 또 진리가 우리 속에 있지 아니할 것이요"라고 말씀하고 있습니다. 이 말씀은, 우리가 거룩한 신분을 가지고 있지만, 여전히 죄를 지을 수밖에 없는 존재란 말입니다. 그러므로 하나님은 우리의 삶이 하나님 보시기에 아름답도록 의로운 삶을 요구하십니다. 베드로전서 1:15에 이렇게 말합니다 : "오직 너희를 부르신 거룩한 자처럼 너희도 모든 행실에 거룩한 자가 되라."

그럼 어떻게 해야 우리가 거룩한 삶을 살 수 가 있겠습니까? 먼저 신자는 예수님의 삶을 모범으로 삼아 세상 사람과 구별된 삶을 살아야 됩니다. 그러기 위해서는 기도로써 주님께 도움을 구해야 합니다. 하나님의 말씀을 삶에 좌표로 삼아야 합니다. 그것이 예수님의 은혜에 보답하는 것이고, 하나님의 사랑을 실천하는 것입니다.

그리스도안에서의 삶

1. ( ) 안에 알맞은 말을 써 넣으십시오.

  (1) 우리가 그리스도 안에 있으면 ( ) 피조물이다.

  (2) (   )에 있다는 것은 그 분의 인격과 행하신 일에 참여하는 것을 말한다.

  (3) 우리가 (   )에 있음으로써 죄의 용서를 받을 수 있다.

  (4) 주님의 이름으로 우리의 죄를 고백하면 ( )게 된다.

  (5) 예수 안에 있다는 것은 그 분의 ( ) 안에 있다는 것이다.

2. 맞는 것에 ○표, 틀린 것에 ×표 하십시오.

  (1) 그리스도 안에 있어도 우리의 신분은 변할 수 있다.( )

  (2) 우리는 그리스도 안에서 거룩한 존재이다.( )

  (3) 우리가 의인의 자격을 얻는 것은 순전히 예수님의 공로이다.( )

  (4) 우리로 사탄의 유혹을 이길 수 있도록 하는 것은 주님의 사랑이다.( )

  (5) 우리가 죄없다 하면 진리가 우리 속에 있지 아니하다.( )

  (6) 하나님은 우리에게 "모든 행실에 거룩한 자가 되라"고 하셨다.( )

  (7) '거룩' 하다는 말을 구별된 삶을 말한다.( )

  (8) 우리 삶의 모본은 조상의 삶이다.( )

  (9) 우리가 거룩한 신분을 유지하며 살기 위해서는 주님께 도움을 받아야 한다.( )

  (10) 우리가 거룩한 삶을 살기 위해서는 기도와 헌금을 잘 드려야 한다.( )

Ⅲ

세례를 위해 꼭 알아야 될 것

"그리스도인이 되면서 필수적으로 알아야 할 지식들에 대한 요지입니다. 한 가지 한 가지를 암기하십시오. 당신은 최소한 이 기초 지식들, 곧 교리의 기본을 습득해야 세례를 위한 문답에 응답할 수 있으며, 세례와 입교를 통해 완전한 교회의 일원이 될 수 있습니다."

● ● **중요한 교리**

문 1 – 사람의 제일 되는 목적이 무엇입니까?
답 하나님을 영화롭게 하며 영원토록 그를 즐거워하는 것.

문 2 – 신구약 성경은 어떤 책입니까?
답 성령의 감동으로 기록된 하나님의 말씀.

문 3 – 신구약 성경은 몇 권으로 되어 있습니까?
답 구약 39권, 신약 27권.

문 4 – 성경은 누구의 이야기입니까?
답 예수 그리스도

문 5 – 삼위일체란 무슨 말입니까?
답 성부. 성자. 성령이 한 하나님이시라는 것.

문 6 – 하나님께서 우주 만물을 무엇으로 창조하셨습니까?
답 말씀으로.

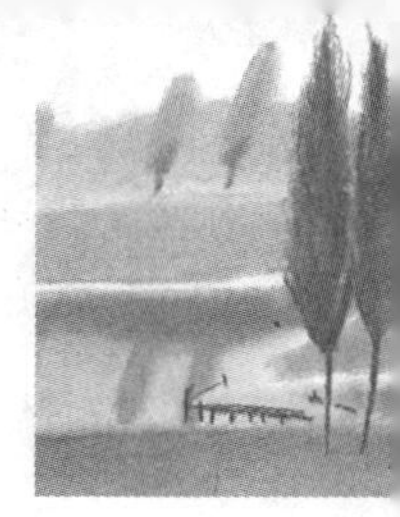

문 7 – 하나님께서 우주 만물을 며칠 동안 창조하셨습니까?
답 6일 동안.

문 8 – 하나님께서 사람을 어떻게 지으셨습니까?
답 자신의 형상대로.

세례를 위해 꼭 알아야 될 것

성경에 대해서

문 1 – 신구약 성경은 어떤 책입니까?
답 성령의 감동으로 기록된 하나님의 말씀

문 2 – 신구약 성경은 몇 권으로 되어 있습니까?
답 구약 39권, 신약 27권, 총 66권

문 3 – 성경은 누구에 대한 말씀입니까?
답 예수 그리스도

하나님에 대해서

문 4 – 삼위일체란 무슨 말입니까?
답 성부, 성자, 성령이 한 하나님이시라는 것

문 5 – 우주만물은 누가 창조하셨습니까?
답 하나님

문 6 – 여호와란 이름은 무슨 뜻입니까?
답 스스로 있는 자

문 7 – 하나님께서 사람을 어떻게 창조하셨습니까?
답 자신의 형상대로

예수님에 대해서

문 8 – 예수님의 육신의 아버지와 어머니는 누구입니까?
답 아버지/ 요셉, 어머니/ 마리아

문 9 – 예수님은 어떻게 잉태되었습니까?

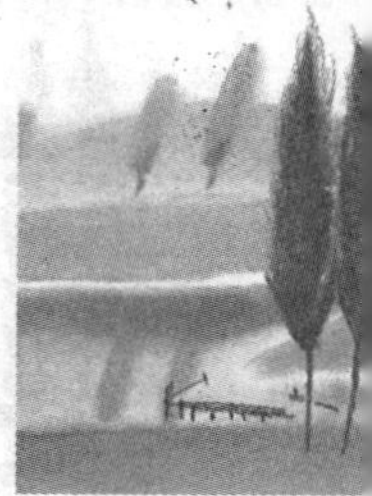

답 성령으로

문 10 – 예수란 이름의 뜻이 무엇입니까?
답 우리를 죄에서 구원할 자(구원자)

문 11 – 예수님이 이 땅에 오신 목적이 무엇입니까?
답 우리를 구원하시려고

문 12 – 예수님은 우리의 죄를 위해 무엇을 하셨습니까?
답 십자가에서 피 흘려 죽으심

문 13 – 예수님은 며칠 만에 부활하셨습니까?
답 3일 만에

성령에 대해서

문 14 – 성령은 누구입니까?
답 하나님

문 15 – 성령에 대한 다른 이름은 무엇입니까?

답 하나님의 영, 그리스도의 영, 예수의 영

문 16 – 성령을 '보혜사' 라고 하는데 무슨 뜻입니까?

답 곁에서 돕는 자

문 17 – 성령으로 무엇을 받습니까?

답 첫째는 구원, 둘째는 능력

문 18 – 성령이 충만하면 무엇이 열립니까?

답 열매

문 19 – 성령을 충만하게 받으려면 무엇을 해야 합니까?

답 기도

교회생활에 대해서

문 20 – 교회는 누구의 집입니까?

답 하나님의 집

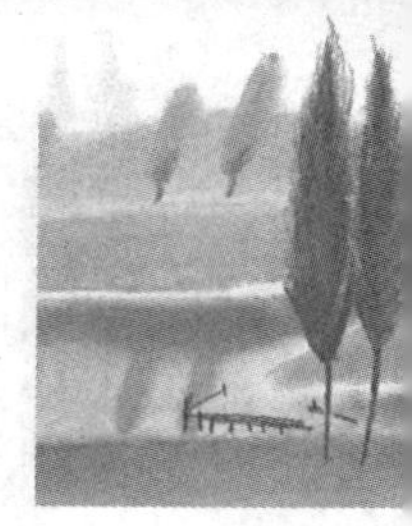

문 21 - 교회에서 하는 가장 중요한 일은 무엇입니까?

답 예배

문 22 - 교회에서 행하는 성례(거룩한 예식)는 무엇입니까?

답 세례식과 성찬식

문 23 - 누가 세례를 받을 수 있습니까?

답 예수님을 구주로 영접한 사람

문 24 - 세례란 무엇입니까?

답 공동체 앞에서 신앙을 고백하는 의식

문 25 - 성찬식에서 떡과 포도주는 무엇을 의미합니까?

답 떡/ 예수님의 몸, 포도주/ 예수님의 피

문 26 - 성찬식에 참여할 수 있는 자격은 무엇입니까?

답 세례를 받은 자

문 27 – 주기도문을 암송해 보십시오.

문 28 – 사도신경을 암송해 보십시오.